MW01701324

Venci la depresión

PRESENTACION

Mi nombre, es Inés del lujan Vargas, pero me dicen Laly. Mi hermano mayor, me bautizó con ese sobrenombre, cuando éramos pequeños. Como toda persona, tuve muchos altibajos, pero este camino, la vida, es así.

Mi mamá, se llama marta, mi papá Víctor, tengo tres hermanos, Eduardo, mayor que yo por dos años, María menor que yo por dos años y el más pequeño Víctor, menor que yo por diez años.

Vivo en pergamino, una ciudad que es atravesada por un hermoso arroyo, al norte de Buenos Aires.

ALGO MÁS DE MÍ

A los 18 años, conocí a Cristian, él, tenía veinte, solo estuvimos dos meses de novios, y en noviembre de 1992, nos casamos. A los cuatro meses, quedo embarazada de Rocío, mi princesa mayor, que nació en enero, de 1994, y en febrero de 1995 di a luz a caty. Cuatro años después, buscamos el varoncito, y fue allí que llego Josué, en una visita, muy cortita a este mundo, porque a la semana, el falleció de neumonía, algo que se agarró en la sala de parto.

El vacío, era tan grande, que decidí buscar otra vez, y ese mismo año, nació Emanuel, prematuro, casi siete meses de gestación, pero muy bien de salud.

Yo, nací con lo que llamo un don, que de pequeña no le daba importancia, me acostumbré a él, y entonces no contaba nada a nadie, pero de grande, ya me inquietó. Muchas veces, soñaba cosas, que luego sucedían, a veces buenas, a veces malas, podía percibir, en lo espiritual, cuando algo, no andaba bien, como una antenita, que se prendía, para avisarme de algo.

Ya de grande, conozco bien, la palabra de DIOS, y comprendí muchas cosas. Cuando tenía sueños, los contaba, si eran acontecimientos feos, oraba a DIOS para que nada pasara, supe que me escuchaba. Me enamoré profundamente de ÉL, y fue esa fe, la que me sostuvo siempre.

Hoy, ya tengo 48 años, soy abuela de cuatro hermosos nietos, tres príncipes, y una princesa. Les doy, una muy resumida, descripción de mi vida, para que me conozcan un poquito. En otra ocasión, voy a compartir, la historia de mi vida, desde antes de nacer, todos los sueños, experiencias espirituales que viví, y experimente, pero ahora me voy a centrar en contarles, como pase por una situación muy dolorosa, que me tomo por sorpresa, y como salí de ella, estoy hablando, de la DEPRESIÓN.

Espero, poder ser de ayuda y bendición a alguien, que este pasando por esto, y decirle primero, que no están solos, que hay muchos hundidos; en ese abismo que parece no tener salida, pero si la tiene, y aquí estoy, para tenderte mi mano.

En este momento llevo 30 años de casada, y siempre fui una persona muy activa, creativa, inquieta y emprendedora, fiel creyente, siempre, declaré mi fe en DIOS, en todos mis pasos, no creía para nada en los psicólogos, y psiquiatras, todo lo que afectara a la mente para mí, era espiritual.

Hace treinta años que tuve un encuentro con DIOS, y cambió mi vida, hace 15 años, soy pastora, aunque ahora, no estoy pastoreando una iglesia local. Estudié en el seminario Reina Valera, y así fue creciendo mi fe.

He tenido muchas experiencias que fueron fortaleciendo mi espíritu. A lo largo de la vida, también tuve que pasar situaciones muy duras, y difíciles, como cualquier persona, infidelidades, enfermedades, pérdida de seres queridos, que me llevaron a vivir momentos de profunda tristeza, pero ni la tristeza más profunda, no se compara con la depresión.

Cuando alguien ve, a una persona deprimida, y que justo, está pasando por un divorcio, supone que el tiempo todo lo cura, pero no es así, o tal vez, alguien perdió un ser querido y cayó en depresión, se lo asocia todo, con la gran tristeza; que provoca la misma situación. Aunque está todo relacionado, la tristeza y depresión, no es lo mismo, la tristeza, puede ser uno de los factores; que empujen hacia ese pozo.

En mi caso, experimenté, la tristeza, angustia, desilusiones, traiciones, abandono, miedos, enfermedad, pérdidas, pero siempre, cuando me veía tan abrumada, me encerraba en mi habitación, buscaba a DIOS en oración y me pasaba horas allí adentro, pero cuando salía, salía transformada en una leona, para enfrentar lo que se venga nuevamente, y eso era día tras día.

Hace ya varios años, yo venía padeciendo de fuertes hemorragias, todo por la menopausia que se acercaba, y no había manera de controlarla, los médicos, probaban con diferentes clases de pastillas anticonceptivas, pero nada funcionaba, incluso, mi salud empeoraba.

Aun así, yo no perdía esa chispa; que me mantenía con energía, y ganas de crear todos los días, algo diferente.

Era el año 2021, yo trabajaba diseñando ropa, y vendiendo con mi hija menor Cathy, también, en la fábrica de mubles infantiles, que tenemos con mi esposo y mi hijo.

Teniendo los niveles de hemoglobina, muy bajos, mi energía, me alcanzaba para quedarme trabajando; hasta las cuatro de la madrugada, cuando había que entregar pedidos urgentes, y lo hacía con alegría, me encantan los niños, y hacer cosas para ellos me hace muy feliz, incluso hice libros para pintar y agendas para niños.

Pero la anemia, me llevaba al hospital, dos o tres veces al mes, y ahí, toda pálida y debilucha, aprovechaba para compartir mi fe, con alguien que lo necesitara. Es que, la pérdida brusca de sangre me provocaba muchas veces dolor de pecho, tan fuerte; que me ponía muy mal, pero nada afectaba mi mente de tal manera, que me dejara sin ganas de nada, yo, no conocía, ese sentimiento.

Después de casi cinco años, de luchar contra las hemorragias, y no conseguir nada, mi madre, me lleva a un doctor ginecólogo, el cual, lo conocía porque había operado a mi hermana, le practicó, una histerectomía; por cáncer de útero, y todo salió muy bien, entonces sacamos un turno y me atendió.

El, viendo mi estado, historia clínica y mis análisis de sangre, me aconsejó también una cirugía, para extirpar el útero; y acabar con el problema de raíz, pero no era una opción para mí, era muy cara, y yo no tenía el dinero. Entonces, fue ahí, que él me dijo, que existía un dispositivo, llamado diu hormonal, que él ya se lo había colocado a muchas pacientes con resultados muy buenos, me explicó que, con este diu, ya no me iba a venir la menstruación, y desaparecería esa anemia; que tantos problemas me traía.

Pero también era muy caro, así que salimos del consultorio pensando como pagar ese diu. En fin, volví al

hospital, y después de algunos trámites accedieron a colocármelo, gratis. El 22 de octubre de 2021 a las 9 de la mañana me pusieron el diu hormonal mirena, la peor decisión que tome en mi vida. Mi vida, cambió para siempre, encima de todo, el virus que

amenazaba al mundo entero; también se acercaba a mi familia.

En ese tiempo; yo estaba escribiendo un libro, el primer cambio que noté, fue que no tenía el mismo entusiasmo que tenía; cuando lo había empezado, como que había perdido la inspiración, mi mente, estaba concentrada en esperar mi fecha, para ver qué pasaba con mis hemorragias. Llegó el día, y si... no me

vino, y yo
estaba feliz con eso, muy feliz, de usar trece o catorce toallitas al día, a no usar, era una gran tranquilidad.
Llegando diciembre, me di cuenta;
que no me estaba sintiendo bien, a pesar de que ya no tenía hemorragias, no me podía

concentrar, me sentía media apagada, algunas comidas me caían mal, empecé con palpitaciones horribles.

El estrés del trabajo, la familia, problemas matrimoniales, las hemorragias, la economía, ese virus, dando vueltas por todos lados, ya era mucho para mí.

Entonces, pensé en quitármelo, prefería, renegar con las hemorragias y soportar las inyecciones de hierro, pero no sentirme; como me sentía. El 21 de diciembre, era el cumpleaños de mi sobrina ahijada, sus 15 añitos, se lo festejaban el 22 de enero, y si me lo quitaba antes; era seguro que, para la fiesta, iba a estar destruida con la hemorragia, así que decidí esperar.

Bien, Pasamos las fiestas cuidándonos del virus, pero el 2 de enero, mi esposo comienza con síntomas de gripe, fiebre, dolor de garganta, tos etc., yo no tenía nada de eso, sin embargo, el 4 me empecé a sentir muy cansada, y eral algo que no podía explicar, cada vez más y más agotada, para el 6, la fatiga era extrema, no sentía nada, solo fatiga, pero no podía abrir ni la boca, para tomar agua; porque me dormía.

Me llevaron a hacer el hisopado; y dio positivo, el bicho me estaba provocando la fatiga, ningún otro síntoma, solo ese, pero fue casi fatal.

Me llevaron inconsciente, mi familia, estaba desesperada, el virus, se

había llevado; a mucha gente cercana. Yo no tenía más síntomas; que ese, fatiga extrema, pero me estaba apagando, así lo sentía yo.

Cuando llego al hospital, me internan, y empiezan con los estudios, yo ya había despertado, pero no podía moverme, era una debilidad horrible. Justo para esa fecha, habían pronosticado; una ola de calor histórica en mi país, todo era un horno, estábamos sofocados, y mucha gente caía en el hospital, porque el calor les había afectado cursando el virus, y eso, empeoraba todo el panorama.
Estando en guardia, y sin poder moverme, vi muchas cosas ahí dentro, heridos de bala, gente desangrándose, personas muy

enfermas en sillas de rueda, porque no había lugar donde ponerlos, fue muy feo, era una escena apocalíptica, a pesar de todo, mi mente buscaba una explicación a esa presencia tan desoladora que me asechaba, pero yo, no podía ver.

Mientras, afuera de la sala, estaba mi familia esperando. A la madrugada, llegan los análisis, y los médicos; me dicen lo que pasó conmigo. A esa misma hora dejan entrar a mi hija mayor, y mi mamá, también me cuentan lo que dijeron los médicos.

No saben, si por el virus o qué, pero me había bajado extremadamente el potasio, magnesio, sodio, y el azúcar.

Tenían que ponerme urgente potasio, porque era lo que más

problema me traía, eso es, lo que me provocaba la debilidad extrema que sentía, sin potasio, podría infartarse cualquier órgano de mi cuerpo.

Al día siguiente, mientras Roció, mi hija mayor estaba fuera del hospital, esperando debajo de un árbol, con un calor sofocante, a mí, me pasaron a sala, y me dejaron ahí para estudiarme, porque era el único caso de este virus, con ese único síntoma, oséa sin tos, fiebre dolor muscular nada de eso. Al cuarto día, uno de los

médicos, me

dijo, que parecía ser; un problema hormonal, y que no encontraban nada, para eso, yo ya estaba atrapada por este psicópata invisible, pero no sabía que era, eso tan feo que sentía, yo pedí que, por favor me quitaran el diu, pero no quisieron.

En fin, cuando me recuperé un poco, me dieron el alta, aun con potasio bajo, pero me fui medicada, para seguir en casa con el tratamiento.

Cuando ya estoy en mi hogar, yo me sentía muy mal, algo había ocurrido, ya nada era igual, mi percepción visual de la vida; había cambiado. Veía toda la realidad, desde una pequeña ventana, de esa habitación; en la cual me había encerrado este asesino. Porque eso es , un asesino.

Me sentía muy mal, no podía entender esa situación, mientras tanto, todos se preparaban para la fiesta, preparaciones del salón, todos se probaban ropa, para estar bien

lindos, ruidos de fiestas, pero yo estaba lejos, muy lejos, aunque estaba allí mismo.

Fui al cumpleaños de mi sobrina, muy débil, pero fui, solo me pude quedar un rato, porque me sentía muy mal.

Quince días después del alta, fui a mi ginecóloga personal, y me hice quitar el diu, la doctora me dijo que, el dispositivo se estaba saliendo, porque mi cuerpo; lo estaba rechazando, y me lo quitó.
Yo pensé, que ya al día siguiente, iba a sentirme; física y mentalmente mejor, que el opresor de mi mente, iba a salir de mi cuerpo; junto con el diu, pero no fue así. Recuerdo, que les mandé a todos, una foto del dispositivo, con el mensaje, ¡al fin soy

libre!, esperando que, al fin, eso tan feo que sentía, desapareciera, no me imaginaba, que se aproximaba a mi vida, una tormenta muy, muy oscura.

Yo, me mostraba con todos, liberada, bien, trataba de sonreír, incluso, cuando me pedían oración, yo oraba; y clamaba a DIOS por esas personas, le pedía con más fuerzas que antes, no quería que nadie se sintiera mal. Mis oraciones, eran verdaderas, mis sonrisas, no.

Dos días después, el 3 de febrero, volvió mi regla, super dolorosa, y muy abundante, otra vez las hemorragias, pero esta vez eran peores, me duro muchos días, y yo, seguía esperando, volver a recuperar la energía que tenía antes, pero mi salud empeoraba; cada vez más. De a poco se iban incrementando mis ataques de ansiedad, y cada latido del corazón, sacudían mi ser.

Al mes siguiente, tuve un atraso, y fue ahí, donde sentí; que ese asesino ponía su cuchillo en mi cuello, me dejaba sin aliento, el terror de vivir siempre así; empezó a apoderarse de mí, desde ese momento, cada día, constantemente. En esos días fue el cumpleaños de el niño más pequeño de mi sobrina, y su festejo fue en la casa de mi mamá. Justo había ido una de mis primas, que tuvo un divorcio muy conflictivo, y varias veces había intentado quitarse la vida, y estaba en tratamiento por depresión. Ella se puso a explicar cómo eran sus ataques de pánico, y que a ella le agarraban de noche, yo la miraba en silencio, pero no decía nada, lo único que hacía era pensar que yo sufría lo mismo.

Escuchaba que muchos decían que ella estaba re loca, que estaba chapita, que vivía drogada con esas pastillas que le daban, entonces, para que iba a contarles que yo estaba igual. Si iba a obtener esa respuesta. Eso pasa con todos, es una de las razones por la que una persona depresiva no habla. Se aproximaba mi

fecha, y yo no tenía dolores, ni inflamación, nada que avisara que la regla se acercaba, pero me sentía muy rara, mal, no sabía cómo explicar todo eso que me pasaba.

Recuerdo que un día, salí afuera, al patio, el sol estaba hermoso, mis nietos jugaban, mis hijas me hablaban, yo me sentía como fuera del cuerpo, pero no decía nada, ni siquiera; podía buscar en internet, para saber que era, porque no sabía explicarlo. Creí que me estaba volviendo loca.

Intentaba hacer las mis cosas, las de antes, pero no podía, comía, y lo que comía me caía mal, se me bajaba el potasio una vez por semana, y me tiraba.

Yo nunca había tenido ansiedad, pánico o depresión, no sabía que era eso en mí, pero si lo había escuchado, ya que yo, oraba por las personas cuando estaban así. Incluso por mi prima oraba cuando tenía recaídas, no me imagine que esto me atacara a mí.

Era obvio, que no sabía realmente, lo que les pasaba, yo pedía a DIOS, que los librara de esos espíritus, y nunca pensé, que eso fuera físico, siempre creí; que eran situaciones espirituales, y que ellos; podían ser libres con oración, y en parte es verdad, en parte.

Muchas veces, pensé, que la gente se deprimía, por no estar ocupados haciendo algo, por estar sin trabajo, porque sus parejas los habían dejado, y aunque podría ser algo así, porque los problemas de la vida te pueden llevar a un callejón sin salida, yo descubrí, que no es siempre así, yo, en todo momento, supe que DIOS estaba, observando. Nunca pensé, que iba a llegar a pedir a DIOS, que hiciera que me bajara la regla, me desesperaba y no me bajaba, y yo desbordada, les decía a mis hijas, ¡me siento mal, rara, siento algo en mi cabeza! veo las cosas de otra manera, y ellas no sabían que decirme, nunca me habían visto así. Veía las cosas, como en un sueño, eran episodios de despersonalización, mi vida se había convertido en una pesadilla, ya no estaba esa mujer activa, creativa, alegre, por más que yo quisiera traerla, ya no estaba.

Tuve ese atraso, y cuando me vino, se sumaban los dolores, y la debilidad por las hemorragias, que eran cada vez peor.

Para esto, ya hacía dos meses, ¡sesenta días!, que estaba así, y Le preguntaba a DIOS, cuando iba a terminar todo, para volver a ser la de antes, pero parecía no atenderme. Le decía a DIOS ¡porque sos tan cruel conmigo, si yo te amo y te necesito! ¡porque me rechazas!, destruye a ese asesino, ¡no ves que quiere matarme!

Mi vida, se convirtió en un busque, y busque sin respuesta, la desesperación, me llevaba a sufrir ataques, de ansiedad y pánico. Es como si el asesino, apoyara la punta de su puñal; en mi corazón, y se exaltaba tanto, parecía que se iba salir de mi pecho, yo empezaba a transpirar, y a temblar, me ponía muy pálida. Mi esposo, solía llevarme al hospital; y cuando me hacían el electro, estaba todo bien... , el, sabia esconderse, era totalmente invisible, solo yo lo sentía, solo yo lo sufría, eso sí, era real, muy real.

Entonces, volvíamos... de camino a casa, en el auto, pensaba, ¿es que nadie lo ve? Empecé a pasar, la mayor parte del tiempo; encerrada en mi habitación. Miraba YouTube, buscando respuesta a mis síntomas, las mañanas, eran lo peor para mí, porque es cuando más profundo; se hacia el ataque, abría los ojos, esperando ver y sentir que todo había pasado, que había sido una pesadilla, o que ya DIOS había hecho el milagro...pero no pasaba eso, y sentía como mi cuerpo, cada célula; me pesaba. Era una tortura.

No podía dormir, mi cuerpo; no descansaba, a veces, cuando me estaba quedando dormida, sentía una explosión en mi cerebro, y me despertaba, parecía que me daban, de una trompada en la cabeza. Otras veces, me dormía...pero me despertaba, al rato; con palpitaciones, transpirando, pensando que me estaba agarrando algo, le decía a mi esposo, muy exaltada, que me midiera la presión, y cuando me la media... estaba bien, era todo muy feo. Fueron muchísimas, las noches, que me despertaba; con las manos de este asesino, apretando mi cuello, queriendo asfixiarme.

Cada noche, oraba a DIOS, y yo le decía, que, si iba a estar así siempre, que me llevara. Un día, llamé a mi esposo a mi habitación, puse su mano en mi cabeza, y le pedí, que orara a DIOS, para que me matara, porque si era yo, que me quitaba la vida sola, no iba a ir al cielo, y yo estaba segura, estoy segura, de que el cielo y el infierno existen, sabía que DIOS estaba, pero no podía entender, por qué; no hacía nada por mí. Sabía, que no quería una eternidad; como la que estaba viviendo; o peor.

En ese momento, se prendieron todas las luces de alarma en mi familia. ¡Laly está depresiva!, eso decían, y era verdad. Aunque a mí, nunca me hubiera gustado admitirlo, era verdad. Pero... para ellos, ¿Qué era la depresión?

Yo pensaba que la depresión, era no tener ganas de hacer nada, solo querer dormir, sentirse triste al extremo, por algo que te haya pasado. Pero no, no era eso. Cuando la depresión llega, a la vida de alguien; no llega a ponerlos tristes, o enfermos, llega a matarlos, y es muy difícil hacer algo, porque no podés ver a ese asesino, casi siempre se esconde; detrás de sonrisas, y de un..." estoy bien"

UNA PESADILLA
DE LA QUE NO
PUEDES
DESPERTAR

La depresión es estar muerto y tener que seguir viviendo, es la desolación física y mental, es vivir en un sueño, una pesadilla, en la que gritas, y gritas en silencio, para poder despertar, y no lo logras, que te lleva a no querer existir más, te convierte en un zombi, esa es la palabra.

Vivía muerta, Pero en medio de eso, algo en mi me sostenía, me decía que DIOS; no me había traído hasta aquí, para terminar así. Este malvado psicópata, me hacía ver una y otra vez mi cuerpo colgado del cuello, en los tirantes; del techo de mi casa, o de algún árbol por ahí, pero yo ignoraba esos pensamientos, como que me mostraba el pantallazo, y yo; miraba para otro lado.

La comida, había desaparecido de mi mente, de a poco, y sin darme cuenta, yo iba dejando de alimentarme. Yo me iba debilitando y él se iba fortaleciendo. Me llenaba con un huevo hervido. A veces me bajaba el potasio y terminaba en el hospital, me reponían el potasio y cuando volvía a casa seguía todo igual.

Hasta que, en un momento, solo ver la comida me provocaba pánico, era automático, mi corazón empezaba a latir tan rápido y fuerte que pensaba que iba a explotar, y yo esperaba eso, para que terminara mi agonía. Me preparaba cada día y cada noche, una botella con agua, azúcar y sal, y eso era mi alimento. Toda mi vida mi debilidad fueron los dulces, chocolates y helados...pero ni eso deseaba, me daba pánico pensar en comerlos.

En otra de mis entradas a la guardia, me hicieron unos análisis y encontraron que mi orina tenía cetona, que por alguna razón mi cuerpo había entrado en cetosis. Eso era porque, al yo dejar de comer, mi organismo se estaba alimentando de las grasas que tenia de reserva. Así me explicó el médico.

Pero a pesar de todo, yo no podía comer, odiaba la comida. Estaba casi todo el tiempo acostado, y cuando veía que me traían la comida, empezaba a temblar, transpirar, palpitaciones y desesperación se apoderaban de mí, sabía que mi cuerpo lo necesitaba, pero el deseo desaparece, es una de las primeras cosas que este asesino te quita. En abril, ya cuando llega otra vez mi regla, estaba muy, muy mal, delgada, demacrada, se habían borrado de mi rostro; todos los gestos de expresión.

Ese mes, la hemorragia fue muy grande, fue entonces que toda mi familia se activó, para que los médicos hicieran algo por mí, ellos pensaban, que la anemia; me ponía de esa manera. Me levanté en la noche al baño y me bajo la presión, sentía el latido del corazón en mis oídos, parecía que algo; estaba por explotar dentro de mí, y me desmayé, mi esposo estaba conmigo y me sostuvo, para que no cayera desplomada en el piso, como pudo;

me llevó a mi habitación y me acomodo en la cama.

Cuando me recuperé, me llevó al hospital, para que me hagan una trasfusión, pero le dijeron que no, que para que ellos, me pudieran transferir sangre, yo tenía que llegar desmayada al hospital, nos sentimos completamente abandonados, yo seguía repitiendo en mi mente, ¿hasta cuándo DIOS? Me dijeron que tenía que volver a consultorio en la misma semana, cuatro días después, y fui.

Me acompañaron, mi esposo; y mi hija mayor, me llevaron en silla de ruedas, ya que no podía caminar; por la debilidad que sentía. Mientras esperaba, me preguntaba si había alguien más como yo, siendo torturado por el mismo psicópata, o habría más como él entre la gente. Cuando llega mi turno entro con mi hija, en la sala estaban, un médico y cuatro doctoras, todos para revisarme. Me recosté en la camilla, y me revisaron, no les importó lo mal que estaba, no tuvieron piedad, buscaban con sus manos, en mi útero y ovarios alguna anomalía, parecían ser cómplices; del asesino; que me estaba atormentando. Al final, me dieron turno para un raspaje, para diez días después.

Cuando llego a mi casa me acuesto, a descansar, en la tarde llega mi madre a visitarme y yo no pude evitar llorar, solo pensar que me iba a llegar la próxima fecha, y yo todavía seguía con hemorragia. A veces demostraba algo de tristeza, pero no la desesperación que sentía, porque no podía. Mi madre decidió hablar con el médico que había operado a mi hermana para que me hicieran la histerectomía, y ellos, oséa mi mamá y mi papa me pagaban la cirugía. Yo pensaba, que tal vez, cuando me quitaran el útero, mi vida iba a volver a la normalidad. Igualmente, cada mañana, cuando abría mis ojos, era la misma desolación.

El 17 de mayo, mi mamá y mi papá, me vinieron a buscar y fuimos a ver al doctor, mi madre, había sacado un turno para el cardiólogo para saber el porqué de las palpitaciones, y en la sala de espera, tuve un ataque de pánico, sentía que el potasio me bajaba, pero en pleno ataque me atendió el médico, me hizo el electro y salió perfecto. Ahí nomas mi madre, se anticipó y aprovecho para preguntarle si estaba lista para una cirugía y el doctor le contestó que sí. Como seguía descompensada, salimos de ahí y fuimos a comprar potasio, cuando lo tuve lo tomé, como para recuperarme un poco, y en quince minutos ya estábamos con el ginecólogo cirujano, quien no dudó y puso fecha para la intervención, que fue para el jueves 26 de mayo de 2022. De esa semana en adelante, pude ver, quiénes eran las personas; que de verdad me amaban.

Empezó toda una preparación, tenía que hacerme análisis, y prepárame física y mentalmente para ese momento. Debía subir la hemoglobina, así que me colocaron inyecciones de hierro, reponer potasio y tratar de estar tranquila, cosa que disimulé todo el tiempo. A mis hijas les decía que me quería

escapar, sabía que este asesino se iba a aprovechar de la situación, y algo me decía que corriera, que escapara.

Mis análisis hormonales, mostraban que mis ovarios; trabajaban muy bien, y estaban sanos, así que me iban a practicar; una histerectomía total, que es, extracción de útero y cuello del útero, sin tocar los ovarios, gran error.

Mis hijos, mi esposo, y mis padres, me mimaron demasiado, y mis hermanos también. Me compraron lo necesario, para que estuviera cómoda, después de la operación. Luego, cuando me dieran el alta, iría a la casa de mis padres, porque mi mamá; me iba a cuidar, los primeros días. Prepararon una habitación, para que yo estuviera gusto. Pero era tan feo lo que yo sentía, que no me daba cuenta; de todo lo que hacían por mí. La noche anterior, tomé una pastilla para dormir, pero en la mañana me despertó una pesadilla. Soñaba que estaba en el medio del universo, y había una pantalla increíblemente gigante, en la cual se marcaban muchos número y letras, pero yo estaba en ella, y la sensación fue horrible, le dije a DIOS, ¡DIOS sácame de aquí! y me desperté.

Llegó el día, muchos nervios, jamás en mi vida, me había sometido; a un procedimiento como este. Me ingresaron a las 12 del medio día, era un jueves muy frío, yo decía en mi mente “cuando despierte de la operación, ya no vas a estar”

Cuarenta minutos esperamos, mientras me vestía, escuchaba a las enfermeras; andar en el pasillo, mi mami, mi hija mayor, mi esposo y mi papá estaban conmigo.

Por fin, llegó mi turno, toda la semana presentí, que algo no muy bueno; iba a pasar. Viene a buscarme el camillero, y vamos, mirando el techo, con frio, llegamos al quirófano y el anestesista se presenta, mientras me preparan, hacen bromas entre ellos y de pronto, sin darme cuenta todo pasó, cierro los ojos y cuando los abro, escucho al médico que dice, ahí está, ahí se despertó.

Yo, estaba con los efectos de la anestesia, pero podía escuchar todo, me llevan a la habitación, y en el camino; veo a mi esposo, a mi hija, y escucho; a mi sobrina daiana que me dice, hola tía.

Sentía el cuerpo muy frio, me sentía muy mal, me dormía y me despertaba continuamente, sentía la presión muy baja, mi hija Rocío; estaba conmigo, y alcancé a decirle lo mal que me sentía, ella llamó a la enfermera y me tomaron la presión, y

fue ahí, cuando escuché que le dijeron; que no se asuste que me llevaban a terapia intensiva; para controlarme mejor, porque no me encontraban el pulso y la presión estaba muy baja.

Ahí todo se apagó otra vez, y cuando abro los ojos, estoy en cuidado intensivos rodeada de médico y con cables por todos lados, ¿qué había pasado?

Pasó, que se habían pasado con la anestesia, pero nadie se quería hacer cargo del asunto. Gracias a DIOS pudieron estabilizarme. Estando allí, escuché a las enfermeras hablar de mi caso, decían que me habían dado; doble anestesia, y casi me mataron, que era un milagro que estuviera viva.

Sentía terribles dolores, y en un momento, me di cuenta, de que el asesino, no se había ido...seguía ahí, presionando mi mente. Al día siguiente, a las diez de la mañana, ya estaba en sala otra vez, llevando tranquilidad a todos. Ahí estaba yo,

dolorida, porque no había aceptado morfina, sin poder moverme, esperando que mi cuerpo, empezara a obedecer a mis deseos, de volver a ser la misma de antes, pero ahora me sentía peor, y mutilada.

En la sala me esperaban mi esposo y mi mamá, también llego el doctor que me operó, me pidió disculpas, pero a mí no me importaba lo que me decía, me sentía enojada y de mal humor, mi madre se había puesto contenta, porque yo hace tiempo que no hacia ni siquiera eso, enojarme. En la tarde llegaron mis hijas, mi hermano, y mi papá. Yo los veía, y lo único que quería era salir de esa desolación, igualmente sentí que algo había cambiado, pero no tenía que ver con mi estado de ánimo, creo que sentía en todo mi organismo, la falta de este órgano; tan importante, era como que mi cuerpo; extrañara el útero, aunque yo no.

Cuando ya estuve más despierta, me contaron que el médico les mostro mi útero, y que estaba muy grande, y tenía como unas bolitas, así que lo llevaron a estudiar, en diez días estarían los resultados.

El sábado a la mañana, ya obtuve el alta médica, para poder retirarme de la clínica, así que me fui a la casa de mi mamá, estaba con el potasio bajo, y muy dolorida, mi hermano Víctor, me fue a buscar, pero por más despacio que manejara, cada pequeño movimiento; me hacía retorcer del dolor.

Se hizo eterno el viaje de regreso, y del auto caminar hacia la habitación, otra eternidad, pero allí estaba mi hermana, esperándome; para sostenerme, junto con mi mamá, con todo su amor, me llevaron hasta la habitación y me acostaron.

Estando ahí, nadie se imaginaba; por lo que yo pasaba, de esta depresión que me atormentaba, nadie veía a este enemigo, que lo único que buscaba; era matarme. Pero yo seguía buscando una salida, no podía seguir así, sabía que algo pasaba, Y sabía que, por alguna razón, no podía hablar. Estuve cuatro días; en lo de mi mamá,

luego decidí irme, porque quería estar en mi cama, en mi habitación, quería llorar y no podía, tenía que desahogarme. Mi mamá me cuidaba muy bien, le dije que me quería ir porque había mucho olor a cigarrillo que en parte era verdad, pero no fue esa la razón más fuerte.... tenía ganas de gritar.

En mi casa, me esperaba mi familia, mi esposo, mis tres hijos y mis nietos. Mi casa, está en la parte del frente y mis hijas tienen sus casas, en la parte de atrás, mi hijo varón esta soltero, y vive conmigo.

Ellos se turnaban para cuidarme, Emanuel, mi hijo, se había mudado con su cama a mi habitación, para cuidarme todo el tiempo, especialmente, cuando mi esposo se iba a trabajar temprano, él estaba listo; para lo que yo necesitara. La verdad mis hijos son lo mejor que DIOS me dio, mis hijas me ayudaron, fueron mis psicólogas, amigas cuando yo, estaba totalmente atormentada, oraban por mí, y me ayudaban psicológicamente, para que yo volviera a comer.

Recuerdo, la primera comida que pude tragar, después de estar tanto tiempo negándome a comer, fue un pure de calabaza, cuando vi que se acercaban con la comida, tuve un ataque de pánico.

Estaba yo en la cama, y me pusieron la mesita d desayunar, apoyaron el plato, y yo ahí, con unas taquicardias terribles, transpirando, pero Cathy se sentó a mi izquierda y oraba y Rocío a mi derecha, me hablaba y me decía, que yo tenía el poder, no podía dejarme vencer, y Cathy seguía orando, y yo, me repetía a cada bocado, solo es pure, solo es pure, y comí todo, desde ese día empecé a comer, cada día un poco más, solo sé que DIOS estuvo allí, a través de mis hijas, ayudándome. Aunque el deseo por la comida costo que volviera, el pánico que me provocaba solo ver los alimentos fue desapareciendo de a poco.

Me habían puesto la televisión, en la habitación, así que empecé a mirar YouTube todo el día, buscando un porque para cada síntoma, preguntaba, porque viene la depresión, que tomar para la depresión, como vencer la depresión.

Las mañanas era lo peor para mí, como ya les conté, ahí era, cuando me sentía más hundida en la nada, era una batalla levantarme para ir al baño y no por la debilidad física, era porque no tenía fuerza de voluntad para hacerlo, nadie puede imaginarse lo que es, el hecho solo de caminar; para una persona que esta siento torturada; por este asesino, la depresión. Pensaba todo el tiempo, en cómo me sentía antes, yo recordaba esa sensación de disfrutar algo, como un té, una charla, y por sobre todas las cosas, los tiempos de oración, pero cuando pensaba en eso, yo veía que eso; no me pertenecía, esos recuerdos, parecían que fueran de la vida; de otra persona.

Mi hija mayor, me había explicado, que el útero y el cerebro estaban muy conectados, pero yo, no le di importancia, hasta que tuve dos sueños. En el primero, soñaba que estaba en un quirófano pariendo un bebe, yo lo amaba, cuando de pronto entra mi hermana, y cuando yo le quiero mostrar él bebe, se me cae debajo de la cama, y se me perdía, yo lo buscaba desesperada; y no lo encontraba. En el segundo sueño, estaba con un bebe en brazos, todos me decía que lo tirara porque era feo, pero yo sufría, lo amaba, aunque era feo, tenía la cabeza deformada, y me lo sacaban. Mi cerebro, estaba sufriendo la pérdida del útero, pero yo no sentía pena, en realidad no sentía, nada por nada. Pero eso me hizo preguntarme, porque, y como, este asesino había entrado en mi cerebro. Osea, si mi cerebro sufría por algo que a mí no me importaba, tal vez podría estar siendo afectado por otras cosas; que yo desconocía.

Los primeros 15 días en mi casa fueron horribles, el dolor, no poder hacer mis necesidades normalmente, tampoco ayudaba, pero yo desde el primer día en casa empecé a caminar, sin ganas, pero lo hacía, en la habitación, unos pasos y a la cama. Mi mamá, siempre pendiente, ella me compraba unas vitaminas, ensure , que era como leche, y me ayudaba con la energía, muy poquito, pero era algo. Luego, empecé a salir a la calle, al campito que hay frente de casa, ahí vencí muchas batallas, porque cada vez que caminaba no le veía sentido a nada, mi cerebro no reaccionaba, miraba al cielo y decía ¿qué es esto?

Hay un versículo en la biblia que dice, "Buscad a Jehová mientras pueda ser hallado, llamadle mientras este cercano". Y le preguntaba DIOS, ¿es que tu **ESPIRITU SANTO**, ya no está en la tierra? Yo me negaba a pensar que ÉL, me había abandonado, aunque sentía que lo había hecho, y tenía en mi mente las palabras; que habían marcado mi corazón. "Yo estaré contigo hasta el final." Entonces ahí, sabía que no estaba sola, aunque no lograba entender por qué, dejaba que este asesino; me tuviera presa en esta terrible oscuridad. Tal vez ¿debía aprender algo? En ese caso; ¿no había otra manera de enseñarme?

Volvía a la casa, y me ponía a llorar, y a pedirle a DIOS que me ayudara una y otra vez. Cuando pensaba en la historia de job, como DIOS, había permitido que el diablo; le quitara todo, pero aun así el, no perdió la fe, me consolaba, e investigue cuanto tiempo había durado todo su tormento, para calcular si el mío, duraría lo mismo.

Recordaba todo, lo que, hacia antes, pero más, recordaba cómo me sentía de bien, y fuerte aun, en medio de problemas y conflictos.
Buscaba y buscaba dentro de mí, pero no encontraba esa vida, le decía a mi DIOS, ¿¡porque me descartaste!? si yo te amaba y te amo, siento que te doy asco Señor, eso le decía. Pero, aunque me mates

DIOS, no voy a dejar de buscarte. Sentía que me ardía el alma, no el cuerpo, el alma de dolor.

No quería nada, ni a nadie, porque sabía, que, si no lo tenía a ÉL, no tenía nada, ÉL les da sentido a todas las cosas, sentía que estaba muerta.

Sabía que EL estaba, sentía que me había descartado, que algo había hecho mal, pero también resonaba en mi cabeza el versículo que está en romanos 8, que dice, nada me separara del amor de DIOS, y me volvía a consolar. No hubo un día,

desde que empezó todo esto, que yo no clamara a DIOS, cada día, cada hora, cada minuto, si me preguntan porque, les diría que no se, creo que fue su misericordia.

Cuando este enemigo, me mostraba la única opción para terminar con mi dolor, y me decía, “deja de pedir, no ves que no le importas, si te amara no dejaría que pasaras por esto, matate y termina con todo” yo le decía, NO, si DIOS quiere que esté muerta, que me mate EL, y aunque así EL lo haga, yo nunca voy a elegirte a vos. Me moriré esperando, pero esperando en EL.

Un día, mi hija mayor me dijo, que no le veía el sentido a la vida, que estaba deprimida, y algo ardió en mí, sentí furia en contra de este asesino invisible, silencioso, pero NO invencible, mucha bronca, y le dije con mis hijos NO. Entonces, les propuse a mis hijas, y sus familias; hacer una cadena de oración de cuarenta días, un día en cada casa, yo me seguía sintiendo igual, pero con mucha fuerza para pelear por mi hija. Solo pensar, que ella podía caer en el pozo donde yo estaba, me desesperaba. Las reuniones, las hacíamos a la noche, porque era el único momento en que podíamos estar todos.

Oraba, leía la biblia y nada. Sentía que me estaba desintegrando, solo sé que de mí no había ya casi nada, estaba entre este asesino, que estaba absorbiendo mi existencia; y una fuerza que no sabía, de donde venia, y era la que me sostenía y mantenía con vida.

Solía pedir oración; en algunos grupos de whatsapp, en los que participaba; antes de enfermarme tanto.

Buscaba cada noche, en tik tok, algún vivo donde pedir oración, y ahí conocí muchas personas, que se quedaban a la madrugada; a orar por los necesitados, entonces clamaba junto con ellos, que sin conocerme pedían por mí. Mientras también seguíamos en la cadena de oración, uno de esos días, que tocaba en la casa de Roció, oramos todos juntos, del más grande hasta el más chico por ella, para que DIOS la sacara de tristeza, y DIOS escuchó, y la saco. Ella siempre cuenta eso como testimonio, del poder de la oración en familia y con fe.

Entonces, ¿qué pasaba conmigo? Si yo tenía esa misma fe, y también habían orado por mí y yo no dejaba de pedirle.

Le pedí a DIOS, que me revelara que pasaba, y yo lo iba a enfrentar de su mano, cada noche; antes de dormir decía a mi familia, hoy por las fuerzas de DIOS estoy.

Y cada mañana, le decía, y aun le digo a DIOS, si es con tus fuerzas; hoy; voy a poder, si no, no.

A veces, era tan insoportable todo, la vida pesaba, yo llegué a pensar que posiblemente, había muerto aquel día en el hospital, cuando me había bajado el potasio, y que ahora era como un alma en pena, pero como la biblia no hablaba de eso, lo descarté, rápidamente de mi cabeza. Logre una estrategia y fue: concentrarme todos los días, al despertar; en que ese era el primer día, que eso me pasaba, entonces, podía soportar, y no atormentarme, contando los días que llevaba en esa angustiosa desolación.

Un día, escuche a un doctor en YouTube decir, que había tratado, a una persona de depresión, y cuando le hicieron los análisis tenía la vitamina b 12 baja, al darle una dosis de esta vitamina, la depresión desapareció.

Entonces dije yo, ¡es eso! Al día siguiente, mandé a pedir al médico, la orden para hacerme esos análisis,y me la mandó, cuando fui al laboratorio, me dijeron que tardaba veinte días el resultado, así que tuve que esperar.

Mi esposo trabajaba, entonces le pedí a la bioquímica que me los pase por wasap, y cuando vi el mensaje, no lo podía creer, no era eso, al contrario, tenía la b 12 muy alta, porque yo me había hecho colocar una inyección antes de operarme, por la anemia. Me puse muy mal, porque, y si no es eso, que es, ¡lloraba y repetía! que es, que es ¡

No me di por vencida, investigué, que clase de deficiencia, tienen las personas con depresión, y encontré mucha información. Yo sabía que no estaba endemoniada, pero había algo en mí, que le había abierto la puerta a este asesino que estaba en mi cerebro. Y sabía que, si no lograba echarlo de mí, podría matarme en cualquier momento.

Este asesino, psicópata, torturador, realmente, no puede matarte, pero tiene el poder suficiente para manejar tu mente, y para que vos mismo; lo hagas.

Tanto buscar, también encontré que los "síntomas", podrían ser por otras enfermedades, así que ahí, me cargué con otra cosa, me estaba volviendo hipocondriaca, estuve así mucho tiempo, creyendo que tenía como cincuenta enfermedades, gasté muchísimo dinero en análisis, buscando enfermedades que yo, no tenía, porque todos me salían perfectos, pero yo tenía los síntomas. Este manipulador asesino, tenía tan manejada mi mente, que todo lo que entraba por mis ojos y mis oídos, mi cerebro se lo creía, y me mandaba los síntomas a mi cuerpo, pero esto yo no lo entendí en ese momento, en ese momento pensaba que los análisis estaban mal, porque yo me sentía enferma. Pensar en mis hijos, y en mis nietos me daba fuerzas, también pensar en mis padres, ellos habían gastado sus ahorros para pagar una cirugía, creyendo que era la solución, para que yo estuviera bien, y por eso, ni siquiera les demostraba mi agonía.

Algo en mi se encendió, una pequeña luz de esperanza, cuando supe que existía la hormona de la felicidad, la serotonina, era obvio que yo tendría una gran deficiencia de eso.

También encontré en internet que la deficiencia de vitamina d, magnesio, potasio, testosterona, dhea, provocaban depresión.

Otra vez fui a mi ginecóloga y le pedí que me diera la orden para hacerme todos esos análisis, pero no podía ser posible, que tuviera todas esas deficiencias juntas, alguna seguro que sí, eso es lo que yo pensaba. Recuerdo que a esa consulta me llevó mi mamá, mientras esperaba afuera del consultorio, le seguía la charla, pero la miraba y le decía con mi mente, ¡ay mami que ganas de tirarme al piso que tengo, no puedo más mami!

Cuando me llamo la doctora, empecé a contar algo de lo que sentía, y ella capto que no estaba bien, enseguida me dio la orden para hacerme un estudio hormonal completo.

Al día siguiente, me los hice, en un laboratorio, particular, salió mucho dinero, porque en el hospital no te hacen esos análisis, gran error. Es lo primero que deberían pedir los doctores de cabecera, cuando sus pacientes muestran algún indicio de depresión.

Los resultados tardaron 15 días, mientras yo seguía igual, débil física y mentalmente, mirando videos, llorando pidiéndole a DIOS que me sacara de ese pozo, pero si alguien llegaba a casa, yo los recibía, no le demostraba a nadie mi estado, nadie podía ver esa presencia tan tenebrosa que me estaba abrasándome, en el mismo momento que yo, estaba frente a ellos. Entonces, comenzaban las palpitaciones, mi respiración empezaba a acelerarse nuevamente, y disimuladamente iba al baño, me apretaba la cara con la toalla y gritaba, en silencio, y le decía a mi mente, por favor ahora no.

De alguna manera milagrosa, mi espíritu estaba firme, pude aprender a separar lo espiritual de lo mental, yo, estaba mentalmente mal, pero espiritualmente muy fuerte, porque DIOS me sostenía y EL era mi fuerza, EL es mi fuerza. Lo que había pasado con mi hija, me dio fuerzas para luchar.

Los días esperando los resultados de los análisis se hacían muy largos, pero por fin llegaron. Y cuando los vi, no lo podía creer, tenía deficiencia por donde viera, tenía muy baja serotonina, la testosterona casi en cero, baja la vitamina D, magnesio bajo, dhea baja, y seguía con potasio bajo.

Ahí así estaba, todo era un desastre, pero como pasó, ¿que todo esté tan mal y al mismo tiempo?, si yo siempre me cuidé, comí sano, no fumo, no como fritos, siempre lleve una vida sana. Le pedía a DIOS que, si con el tratamiento que me iba a hacer, no iba a sacarme de ese abismo; no me dejara despertar, cuando me fuera a dormir en la noche.

En las noches, solía pensar mucho, en como seria todo si yo no estuviera, si me hubiera muerto en la cirugía. Y este asesino aprovechaba y me decía, si te hubieras muerto, tu familia no tendría que cargar con vos y todos tus problemas, no te das cuenta de que les arruinas la vida. Que tu mamá con la edad que tiene trabaja para comprarte remedios y pagarte estudios, cuando en realidad tendría que ser vos la que la cuide a ella, si te matas llorarían unos días, pero después, van a estar mucho mejor sin vos, yo le respondía. Mentiroso. Todo lo que decís me duele mucho, si vos me soltaras yo podría devolverle todo lo que ellos hacen por mí. Y casi no dormía, el insomnio, me mantenía mareada durante el día.

Con los estudios; fui a mi ginecóloga, y ella también se asombraba del desorden que tenía, entonces decidió; darme una terapia de reemplazo hormonal, utilizando hormonas bioidénticas, que son iguales a las que produce nuestro cuerpo, pero están sacadas de plantas, son muy naturales. Me dio, testosterona y dhea, una mínima dosis diaria. El gran problema es que se mandaban a preparan a capital, y tardaban un mes, cuando ella me dijo eso, yo pensé, ¡pero no sé si voy a aguantar tanto tiempo!, y a ella le conteste, ¡buenísimo doc!

Mi madre me esperaba afuera, y le conté con gestos de alegría y emoción, lo que me había dicho mi doctora, y ella se puso feliz. Pero yo solo pensaba, como iba a hacer para sobrevivir, treinta días esperando algo, que no sabía si tendría buen resultado.

A los quince días, le mande mensaje de texto, preguntándole si tenía noticia de las pastillas, que me sentía horrible por las mañanas, la tristeza de la depresión es tan fea, que no se puede comparar con nada. Imagínense, un pueblo devastado por una bomba nuclear, donde solo hay cenizas, ropas, y juguetes quemados desparramados por todos lados, y las plazas del lugar, donde antes jugaban niños, ahora gris y vacío, con olor a muerte, algo así, esa devastación sentía en mi alma. Todo el tiempo, pero nadie lo notaba.

Por fin, al mes, justo cuando me dijo que iban a llegar, me llamo para decirme, Inés, tengo lo tuyo. Era martes y tenía que esperar hasta el jueves, así que fui a buscarlas. Ella me explico como tomarlas y empecé el tratamiento con testosterona y dhea.

Al tercer día de tomar las pastillas, fue maravilloso, desperté diferente, me noté con deseos de hacer algo, tan simples, como sentarme en el patio y ver a mis nietos jugar. Eran pequeños destellos, que yo trataba de retenerlos en mí, y en la noche pensaba en ellos, muchas veces me preguntaba, ¿estaré volviendo?

Nadie, ni médicos, ni pastores, ni amigos, ni familiares, van a entender lo que es vivir atrapados por ese asesino psicópata, que atormenta la mente, haciéndote vivir el infierno estando vivos, nadie va a entender la expresión, "vivir muerto", si no paso por esto, es inútil intentar saberlo.

En este momento, tu esposa, tu esposo, tu hijo, hija, madre, padre, hermano, cualquiera que esté cerca tuyo sonriendo, podría estar atormentado por ese cruel asesino, y vos no te darías cuenta.

Ylo peor es que, la depresión es una pandemia, que se esta llevando a mucha gente, y muchos son jóvenes.

Supuestamente, el diu mirena me provoco un desorden hormonal muy grande, la serotonina, la vitamina D, la testosterona y la dhea son hormonas, y estaban descontroladas.

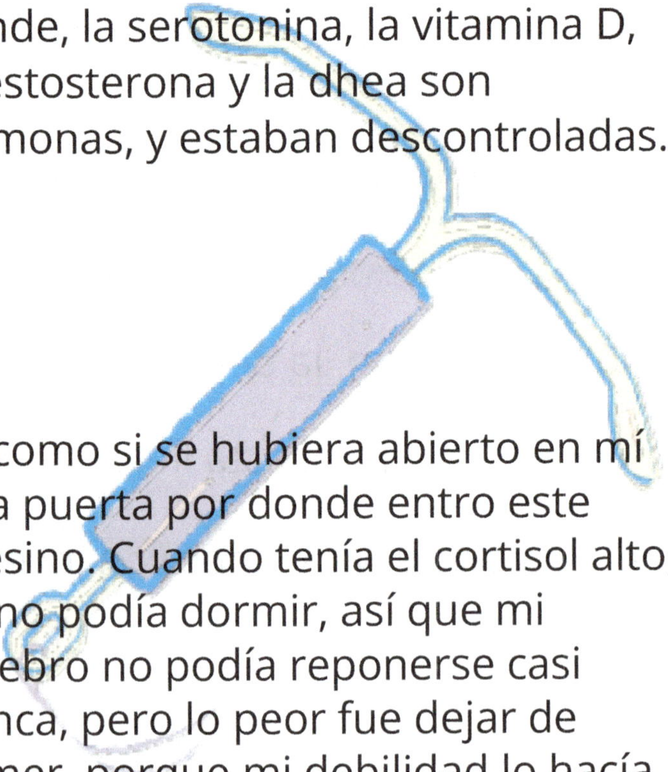

Es como si se hubiera abierto en mí una puerta por donde entro este asesino. Cuando tenía el cortisol alto, yo no podía dormir, así que mi cerebro no podía reponerse casi nunca, pero lo peor fue dejar de comer, porque mi debilidad lo hacía a el más fuerte.

ANTE CUALQUIER SITUACIÓN, QUE CAUSE TRISTEZA O ESTRES, NO DEBEMOS DEJAR DE ALIMENTARNOS, HAY QUE ESFORSARSE, PASAR EL LUTO DE LO QUE SEA, PERO COMER, AUNQUE SEA POQUITO, PORQUE EL CEREBRO TAMBIÉN NECESITA ALIMENTARSE.

UN DESORDEN HORMONAL, PUEDE CAUSAR DEPRESION EN HOMBRES, MUJERES Y NIÑOS.

En mi caso, yo padezco de hipotiroidismo, no tengo tiroides, eso complico a mis hormonas, pero todo empeoro al dejar de comer, con las hemorragias, y el virus que de alguna manera había afectado mi sistema digestivo.

Una de las cosas que hice, fue, empezar a enfrentar y contradecir ,lo que me decía este asesino, me di cuenta de que se hacía fuerte cuando yo le ponía atención, aunque es casi imposible evitarlo. Contradecía todo lo que me decía, en vos alta, por ejemplo: cuando me decía, hoy no quieres hacer nada, yo le decía en vos alta, si quiero, y hoy voy a sembrar una semilla, de alguna verdura, y todos los días; voy a ir verla crecer, DIOS me va a dar fuerzas, y lo voy a hacer. Cuando quería que me encerrara en mi habitación, ponía música fuerte y cantaba, sin ganas, pero lo hacía, y fue muy, pero muy difícil, porque muchas veces, estuve al borde de decirle; que me había ganado. Pero NO, mis hijos y mi familia van a ver cómo te voy a vencer, le decía.

Empecé a tomar las vitaminas, a alimentarme bien, a dormir más horas, y de a poco, yo iba tomando color, y este asesino iba perdiendo fuerzas y se iba desvaneciendo. A veces se levantaba y quería apoderarse de mí, pero yo lo derrumbaba.

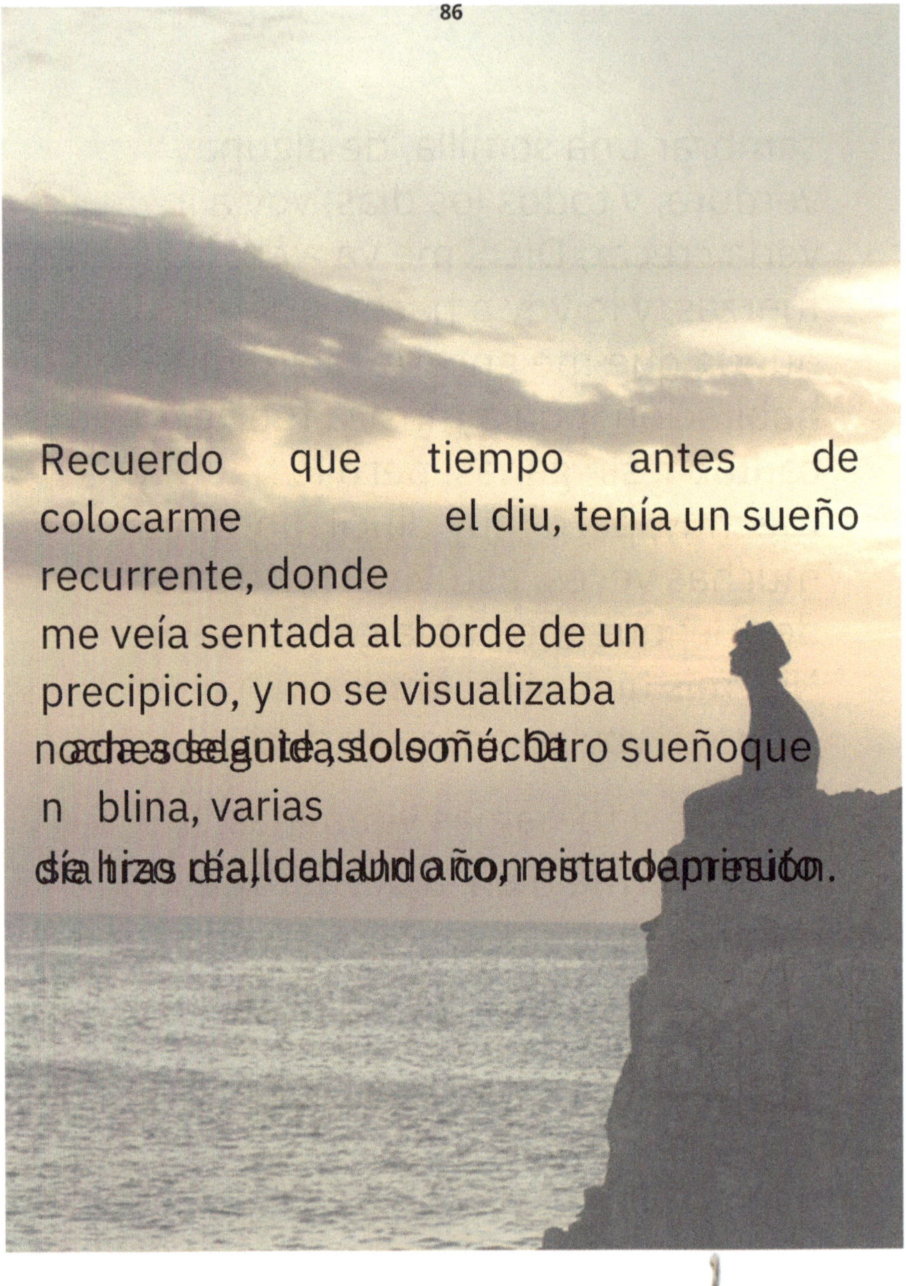

Recuerdo que tiempo antes de colocarme el diu, tenía un sueño recurrente, donde
me veía sentada al borde de un
precipicio, y no se visualizaba
nochesdeguidas,solosoñécbaro sueñoque
n blina, varias
díaltras día,lldeabalrdaño,nestadepresión.

Hay una frase, que siempre veo en todos lados y es esta “Se amable con todas las personas que te cruzas en tu vida, porque, aunque las veas sonreír, no sabes las batallas que pelean por dentro” ESO ES VERDAD.

Siempre creí, que la felicidad se llevaba en el corazón, en el alma y el espíritu, que no tenía nada que ver con lo físico, sin embargo, hoy se, porque lo aprendí cruzando este valle de sombra y muerte, que DIOS creo nuestro cuerpo de manera perfecta para que podamos sentir esa felicidad espiritual en nuestro cuerpo, y disfrutar de todas las cosas que pone en nuestras vidas. Y ahí entra la serotonina, esa preciosa hormona que debemos de cuidar, y enseñar a los demás sobre ella.

¿Y cómo podemos cuidarla? Cuidando nuestros intestinos y comiendo alimentos que la contengan.

Todas esas deficiencias que tuve no afectaron mi espíritu, cuando la biblia dice, “Ya no vivo yo, sino Cristo vive en mí”, quiere decir que nací de nuevo y ahora el Espíritu Santo vive en mí, por eso yo todo el tiempo, sentía que había algo en mí; que permanecía fuerte; había una gran lucha en mí.

Cuando miro en las noticias, o escucho por ahí, de alguien que se quitó la vida, yo realmente los entiendo, no es que apruebo lo que hicieron, de ninguna manera sino porque sé que no se puede vivir así.

Si no hubiera sido por el ESPIRITU SANTO, yo no sé dónde estaría, porque yo muchas veces quise terminar con todo, pero ÉL, no lo permitió.

Fue DIOS quien me sostuvo en este valle de sombra y muerte, sin dudas. Mi familia fue el instrumento que ÉL uso para ayudarme.
Confieso, que más de una vez, busque testimonios de personas que tomaban medicamentos psiquiátricos, para ver si era una opción para mí, pero DIOS me guio por otro camino.

Pero yo seguí el tratamiento hormonal, y agregué a mi alimentación, todo lo que tuviera triptófano, como las almendras, semillas de calabaza, nueces, y poco a poco, iba recuperando mi energía, y ese enemigo, se iba desvaneciendo cada vez más, y una mañana, al abrir mis ojos, ya no estaba.

El deseo de limpiar mi casa, bañarme, teñirme el cabello, depilarme, salir a disfrutar de los espacios libres estaba regresando a mi todo. Me di cuenta que mi pobre cerebro estaba desnutrido, y que

necesitaba mucha atención y cuidado. Todo lo que notaba que me hacia bien, lo consumía, y compartía los pasos de mi recuperación con mis hijas. Por ejemplo, a todo el mundo le digo que tome magnesio, porque yo por experiencia propia se lo bueno que es para todo el organismo.

MIS NUEVOS AMIGOS

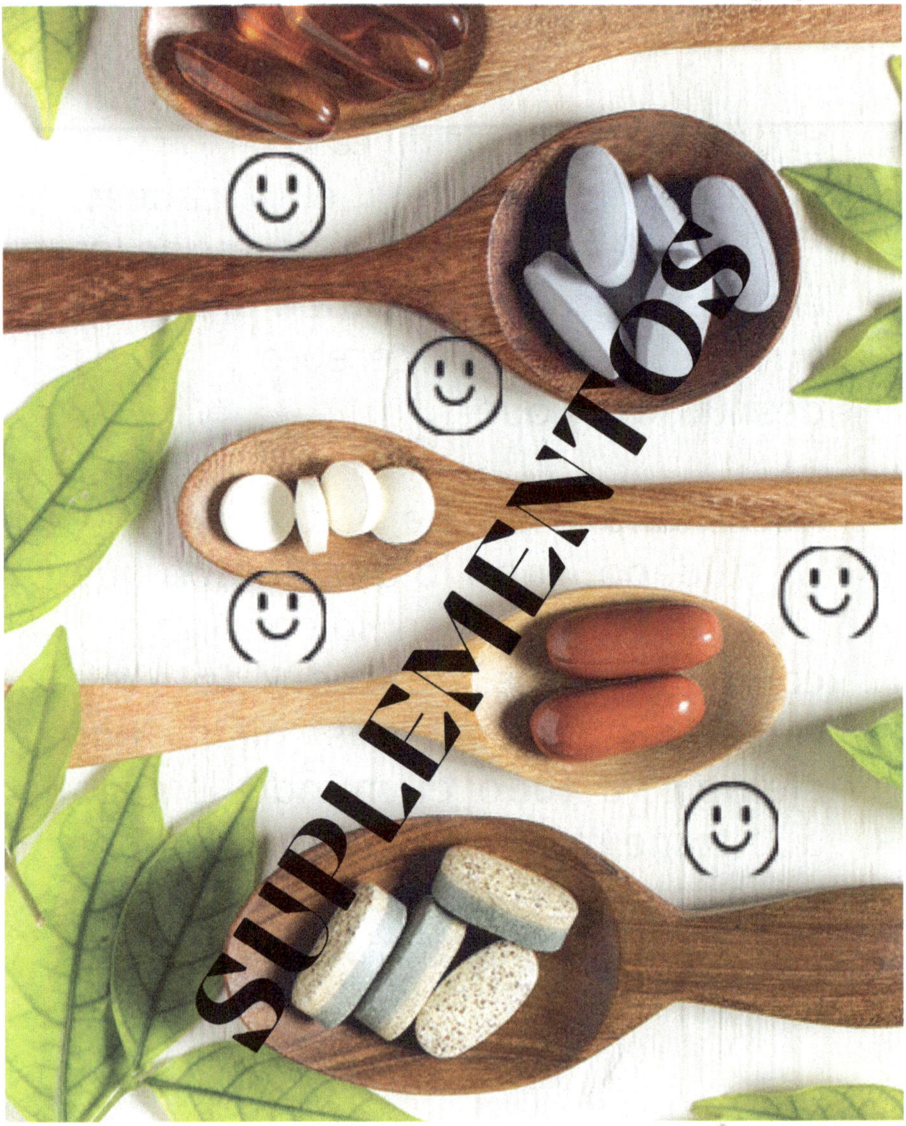

Magnesio y potasio, ya tomaba, solo tuve que aumentar la dosis, los síntomas que provoca esta deficiencia son: inflamación de abdomen, estreñimiento, parálisis total de intestinos, fatiga, espasmos musculares, entumecimiento, movimiento anormal de los ojos, convulsiones.

VITAMINA D: síntomas de deficiencia son: debilidad muscular y fatiga, fragilidad en los huesos, la deficiencia de esta vitamina, está relacionada con varias enfermedades neurológicas, como párkinson, esclerosis múltiple, deterioro cognitivo leve, Demencia vascular, Alzheimer. De esta tome una por mes, se vende en unas pequeñas botellitas que traen doce gotas, o en una capsula.

DHEA, síntomas de deficiencia de esta hormona son: disminución de peso, mareos, deseo de consumir sal, deshidratación.

TETOSTERONA, síntomas de deficiencia son: falta de deseo sexual, insomnio, depresión, fatiga, perdida de fuerzas.

Estas dos últimas, ya les conté, me las dio la ginecóloga.

SEROTONINA, síntomas de deficiencia: depresión, fatiga, irritabilidad, insomnio, falta de concentración, ansiedad, difícil control de la ira, cambios de humor.

ATENCIÓN. Para tratar la deficiencia de esta, casi siempre tienes que ir al psiquiatra, él es, quien te va a recetar unas pastillas, que son antidepresivas, y ayudan a restablecer el equilibrio normal, de las sustancias químicas del cerebro, también ayudan a normalizar el estado de ánimo, y de a poco vuelven los niveles normales de serotonina, por eso digo que siempre es mejor ir a un profesional. Muchas de las personas que sufren depresión, no hablan, buscan en internet, libros, videos, por eso se me ocurrió escribir mi experiencia. Aunque yo siempre tuve la ayuda de mi medico clínico, mi neurólogo, y mi ginecóloga.

Estas, son las deficiencias que yo tenía, pero existen muchas otras vitaminas, que la falta de ellas en el cuerpo puede causar depresión. Los médicos, no acostumbran a pedir esta clase de análisis, sino se lo pedimos nosotros, mi consejo es que una vez por año, en el control médico, también pidan un recuento de estas hormonas, y vitaminas, en especial la B 12.

Ahora les cuento como procedí yo.

En caso de que, la persona que está leyendo este libro, tenga síntomas de depresión, como los que yo les conté, y tiene la posibilidad de ir a un profesional, médico psiquiatra, o psicólogo, mi consejo es que vaya. Pero si no quiere, y está luchando por salir de esto, primero y principal pida fuerzas a DIOS pida un turno con un médico clínico, y dígale que le haga una orden para hacerse estos análisis (serotonina, noradrenalina, B12, B1, testosterona, dhea, vitamina D, potasio, magnesio) entre otros.

Aquí donde yo vivo, los turnos en el hospital, te los dan al mes, o dos meses, y particular es muy caro.

Yo le pedí a DIOS que me guiara a cada paso, y empecé.
Primero entendí, que los intestinos lo son todo, para nuestra salud, así que primero, empecé cambiando mi dieta, me informe en internet sobre los probióticos, y busque consumir todo de manera natural.
Empecé a cultivar mi propio kéfir de agua, esto ayuda a sanar la flora

intestinal y ayuda a la producción de serotonina en los intestinos, les cuento que solo lo tomé unas semanas y ya empecé a sentir cambios, no solo en lo anímico sino también físicamente.

También empecé a consumir cúrcuma en sopas y té, eso me ayudo a desinflamar mi organismo.

No fue todo de un día para el otro, porque los ataques de ansiedad eran todos los días, así que, en las noches, tomaba un ansiolítico, que me receto mi médico de cabecera, pero no me gustaba depender de eso, así que busqué otra manera más natural de vencer eso y encontré varios tés.

Uno de ellos es la pasionaria, es un te muy usado para tratar la ansiedad y la irritabilidad, ese, es el que más me gusto a mí, también probe la hierba de san juan, esta última, no se puede tomar si se está tomando algún antidepresivo recetado. Pero son una alternativa natural muy buena.

Las almendras contienen tienen un alto contenido de triptófano y magnesio, que también ayudan a regular la ansiedad.
A veces, consumía dos o tres días, todas estas cosas, y si las dejaba de consumir, enseguida sentía los bajones, y es que mi cuerpo estaba tan mal, que era como que no tenía reservas. Entonces el combustible que le metía a mi cuerpo, lo gastaba en el día.

Por ejemplo, a veces comía bien, y salía a caminar, pero cuando volvía sentía una debilidad fea, y me daba cuenta de que necesitaba más energía, más reserva.

Consumía tres o cuatro bananas por día, aparte, de las pastillas de magnesio, y potasio.

Las consecuencias de la cirugía, como el estreñimiento, dolor de vientre, pasaron siempre a segundo plano. Solo me cuidaba de no hacer fuerza, y tenía toda la ayuda necesaria; para no tener que hacer nada.

Pero eso, no me ayudaba, yo tenía que estar en movimiento, así que empecé una pequeña huerta, sembré en tierra y macetitas. Así; tenía algo para hacer, y cuidar todos los días.

Desde julio de 2022, hasta noviembre, creo que tarde en ver, muy buenos resultados, ya en diciembre esperaba las fiestas con alegría y gozo.

Por problemas cervicales, tuve varios episodios de vértigo, que me afectaron un poco, mi vida diaria, en lo que era la depresión; empezaba a ser parte del pasado.

Les cuento que tengo una rectificación cervical, y el estar tanto tiempo acostada, en mala posición, mirando el celular, y la televisión, desde la cama, me salto una hernia cervical, que gracias a DIOS es algo que estoy tratando, y voy muy bien, pero los vértigos, son horribles, así que les aconsejo, mientras guerrean con todo esto, eviten, estar todo el tiempo acostado, caminen por la casa, pongan música y muevan el cuerpo, aunque no tengan ganas.

Recuerdo que yo hacía eso, pero nadie me veía, me encerraba en la habitación, ponía música en YouTube, y bailaba, me obligaba a mí misma a moverme... cada segundo, de mis días.

En mi dieta empecé a consumir diariamente, almendras, nueces, bananas, palta, dejé la carne roja, comía pollo y a veces pescado.

Cada día, le pedía a DIOS una palabra, que me recordara quien era yo para EL, y que EL estaba conmigo.

Caminar me ayudó mucho, luego de la cirugía y a pesar de que cada paso parecía no tener sentido, si lo tenía, cada paso, fue una victoria.

El insomnio, fue una de las luchas que tuve que superar, no dormir bien, me hacía pasar uno días bien feos, mareada, sin poder concentrarme.

Cómo les Conte, solía tomar un ansiolítico, pero no quería depender de eso, la infusión de pasionaria es muy bueno, porque lo podes toma tres veces al día, y no te da sueño, solo te quita la ansiedad y da una sensación de tranquilidad, pero si te tomas una tasita antes de dormir, dormís como un bebe, y te levantas bien renovado. Es mágico.

También está la asawhanda, que es un arbusto que crece en África y Asia, es un adaptógeno, se usa para calmar el cerebro, y es bueno para el estrés. Viene en capsulas y también en polvo, lo pueden conseguir por internet, yo lo compre en mercado libre.

Los ansiolíticos, en cambio, te provocan una sensación de somnolencia, durante el día, y eso no es bueno. No es lo mismo, ansiolítico que antidepresivo. Cualquiera de los dos te los debe recetar un profesional.

En mi ciudad, desde hace dos años, más o menos, estamos en 2023, se está viendo, muchos suicidios, de personas muy jóvenes, adolescentes, niños, es tremendo.

Una de las cosas que se me pasaba por la cabeza, en los momentos de desesperación y angustia, era pensar en esas personas, realmente entendía su decisión, porque no se puede vivir así. Yo no comprendía esa fuerza sobrenatural que me sostenía.

Lo vuelvo a repetir, la depresión no es “no tener ganas de nada”, realmente la depresión, es estar muerto y tener que vivir.

Antes de enfermarme, con ese virus, tuve que acompañar a mi hija al hospital, por un dolor de estómago que estaba sufriendo, y en lo que esperamos su turno, llega una ambulancia, baja la camilla con un muchacho, como de treinta años, un enfermero arriba, tratando de reanimarlo, haciéndole RCP, y lo entraron urgente. Detrás llega una moto con una mujer joven y otro muchacho, estaban desesperados, fueron ellos, quienes lo habían encontrado colgado, en su habitación, había llegado casi sin signos vitales.

La mujer entro y volvió a salir llorando, fue ahí que me acerque y le pregunte si quería que oremos por él, y me dijo que si, y nos pusimos a orar.

Cuando terminamos, me doy vuelta y había más personas orando con nosotros, le pedimos a DIOS un milagro, que le diera otra oportunidad, y fortaleciera a la familia.

Atendieron a mi hija, y cuando nos estamos yendo, vi a la madre llorar, me partió el alma, parecía que el joven no iba a salir de esta, y me fui, seguí orando por él en casa.

Conseguí el Facebook de la chica,

con la que hable, y le pregunte como estaba todo, me conto que se había salvado, que DIOS había hecho un milagro. Me dio mucha alegría saber eso.
Pero de ahí en adelante, se vino

como una ola, todas las semanas una, o dos personas. Todos jóvenes.

Una de las cosas que puedo decir, es

que yo los entiendo. No son egoístas, como muchos dicen, que no piensan en los demás, que están sin hacer nada, que, si se pusieran a hacer algo, si pusieran la mente en algo, la tristeza se les iría.

Pero no estaban solo tristes, porqué realmente los llantos, son de desolación, no tienen que opinar, nadie sabe lo que se siente, hasta que no pasa por esto, tienen que ayudar.

Escuche de una joven, que se levantó a medianoche, y se ahorco con un pañuelo de seda, y la familia se dio cuenta a la mañana cuando se levantaron, y la vieron en la galería de su casa.

Mientras estoy escribiendo recuerdo, que hace un mes, se suicidó un niño de 15 años, que vivía a la vuelta de mi casa, el venía a jugar al futbol a la canchita, que está en frente, quien

podía pensar que alguno de esos niños que estaba jugando, corriendo, riendo, estaba tan deprimido como para quitarse la vida, o que paso con esa joven, ellos no hablan, las personas que están realmente depresiva, casi nunca las ves llorando por los rincones. Pelean una batalla que nadie sabe.

Tengo amigas, que conocí en grupos de oración y ellas son de diferentes países, hablamos bastante seguido, y ni siquiera a ellas, les podía explicar lo que me pasaba.

Me imagino a una mujer que va caminando contenta y feliz por un parque, disfrutando de las plantas, el canto de los pajaros, y la brisa de un día primaveral, cuando de pronto sale un hombre de entre los arbustos, es un psicópata asesino, le golpea la cabeza, la sube a su auto, y cuando ella se despierta, esta encerrada, en una habitación oscura, húmeda, fría, sin muebles, ni baño, sin puertas ni ventana. Por mucho tiempo la tiene encerrada, amenazada y sometida, tanto que se le anula la vos, pero de pronto, un día este cruel hombre, decide llevarla a una fiesta, y le dice, no hagas nada para llamar la atención, no digas nada, porque no te van a creer, no grites, van a decir que estas locas, no digas que te tengo prisionera porque no te van a creer, soy invisible, no me pueden ver, ni siquiera vos me podes ver. Entonces ella con un nudo en la garganta, se arregla, se pone linda, y van a la fiesta, allí se encuentra con amigos que le dicen, ¿como estas?

Que linda te ves, hace mucho no sabíamos de vos, y se ponen a bailar, charlar, tomar, y ella sonríe toda la noche, pero por dentro, ruega que alguien se dé cuenta, que junto a ella hay un asesino apuntándole, con un arma a su cabeza. Pero no, nadie lo nota.

Cuando termina la fiesta, todos se despiden y cada cual, se va para su casa. Al día siguiente, sus amigos van a buscarla para ir al parque, pero la encuentran muerta; en su habitación, con un tiro en la cabeza y un revolver en su mano. Y todos se preguntan que paso.

Lo que paso, es, que nadie vio al asesino, porque era invisible. Porque si alguien lo hubiera visto la abrían salvado.

Y nos preguntamos, entonces, ¿qué hacemos?

Cuando las personas entran en depresión, sonríen, hablan, trabajan, pero... siempre debe llamar la atención, que hay algo, que le gustaba mucho hacer; y ya no hacen.

Como, salir a caminar diariamente, y ya no lo hacen, comer un flan de dulce de leche diariamente y ya no lo hacen. O al contrario, empiecen a hacer cosas que antes no hacían, como llorar por cualquier cosa. Siempre hay algo, lo que pasa es que, a nosotros, no nos llama la atención... pero debería alertarnos, si alguien que conocemos cambia su comportamiento de esta manera, y empezar a seguirle los pasos. No digo que salvemos a los miles, y miles que pasan por esto, pero si nos podemos ocupar; de poner extrema atención a los de nuestra casa y tal vez a nuestros amigos.

Yo, miraba a mis seres queridos, sonriendo, pero a la vez, deseando que vieran; al asesino que me tenía prisionera, porque yo no podía hablar.

Aprendí, que se enferma el corazón, se enferma es estómago, se enferma el hígado y también el cerebro se enferma, como cualquier otro órgano, pero es el único que tiene el poder de controlar nuestras emociones, porque si a mí me duele el ojo, puedo decir me duele el ojo y no puedo ver bien, pero cuando se enferma el cerebro, todo entra en shok, porque nunca nos enseñaron, cuáles son los síntomas, para poder, identificarlo.

Si pudiéramos identificar a ese asesino invisible, podríamos decir, ¡cuidado! No lo podés ver, pero si te toca sentís un vacío sin porque, también te roba el deseo, y muchas veces te hace enojar y otras llorar, pero sin razón, entonces, podemos ir al médico y decir, “me parece que me toco el asesino invisible” y ahí, todo sería diferente, igual que cuando te arde el estómago y vas al médico y le decís, me parece que tengo gastritis.

Desde pequeños, nos deberían enseñar, que le cerebro se enferma y afecta nuestra mente que vive allí, que hay que cuidarlo y darle de comer las vitaminas que necesita como, B1, B2, B3, B5, B6, B7, B9, B12. Vitaminas C, D, E. ZINC. Etc. Y también que alimentos la contienen.

Es muy larga la lista, pero vienen muchos suplementos que traen varios de ellos juntos.

Luego de hacerse los análisis, pueden pedir información a su médico, o buscar algún nutricionista.

El estrés, por el trabajo, por una relación toxica, por alguna enfermedad o problemas familiares, por la pérdida de un ser querido, por lo que sea, provoca en nosotros, muchas veces una mala alimentación, o comemos menos o comemos más, y ahí empieza a sufrir nuestro intestino, luego vienen las deficiencias y los desarreglos hormonales.

Los antidepresivos, ayudan a equilibrar las sustancias químicas del cerebro, que son la serotonina y norepinefrina, y a estas las podemos encontrar en los alimentos, como bananas, quesos, lácteos, pescados, frutas secas, almendras, nueces, manzanas, bananas, chocolate, café, té verde, pero es en el intestino donde se absorben estas maravillosas sustancias que el cerebro necesita para funcionar bien, y si algo no anda bien ahí, todo va a estar mal.

En la adolescencia, las jovencitas y los jovencitos; también pueden sufrir estos altibajos, el estrés de este tiempo no deja a nadie fuera, desde el más pequeño, hasta el más grande, está sufriendo en su cuerpo, la consecuencia, de los tiempos difíciles que vivimos.

No se le da la importancia que se debería dar a este asunto, cada familia tiene que hablar del tema, no pienses que, porque eres un gran padre, y haces todo por tus hijos, ellos no se van a deprimir nunca, ni porque eres la mejor esposa, tu esposo nunca va a pasar por eso, ni porque tus hijos estudiaron en la mejor escuela, ni porque van a la iglesia, y son pastores o hijos de pastores, yo soy pastora, estudie la biblia, oraba por gente en depresión. Y me paso.

Y les digo que yo nunca pensé que esto me pasaría a mí, no me imagine, que algún día, llegaría a decirle a DIOS que me matara, porque no soportaba vivir, vivir muerta.

Con la ayuda de DIOS, pude identificar, y denunciar a este asesino invisible, que estuvo a punto de destruirme, y pude destruirlo yo a él. Mientras transitaba el proceso, necesite abrazos, pero no los pedía, muchas veces estaba hablando con mi mamá, mi papá, mis hermanos, de cualquier tema cotidiano, y yo sonreía y contestaba a sus preguntas, seguía la conversación, pero por dentro me retorcía de angustia.

Muchas veces, estaba hablando con mi hermano viti, o mi hermana marita, y por dentro les decía a gritos, ¡necesito que me abraces fuerte!, pero con mi boca respondía, estoy bien, con total normalidad, y una sonrisa en mi cara. Mi hermano, mayor vive en otra provincia, y es un gran hombre de DIOS, yo miraba el celular, abría su contacto, y le decía a su foto, hermano te necesito, ¿porque DIOS no te revela lo mal que estoy?, pero no era capaz de escribir pidiendo ayuda.

Llegaba a la noche, con un dolor de pecho tremendo, por aguantar tanto las ganas de llorar, y entraba a mi habitación, a buscar un abraso de DIOS, tirada en el piso, haciendo fuerza con mi garganta, para que no me escucharan gritar, los gritos silenciosos más desgarradores, son los de las personas que hemos sufrido depresión.

Yo hoy pienso en las personas que me hicieron mal, y le pido a DIOS, que, si les tiene que hacer ver el mal que han hecho, nunca permita, que pasen por esto. Que yo ya los había perdonado, que los cuide. De este dolor, aprendí a amar con un amor, que no sabía que existía.

Hoy, bendigo esas manos, que me sostuvieron la cabeza, cuando me desmayaba, las que me llevaron al baño, las que me cocinaron, las que pusieron plata para mi cirugía, las que me acariciaron, las que se elevaron al cielo, para pedir por mí, las bendigo con todas mis fuerzas.

HAY QUE HABLAR DE LA DEPRESIÓN EN FAMILIA, TENEMOS QUE DISPONERNOS A ESCUCHAR MÁS Y JUZGAR MENOS.

ESTE ASESÍNO, ES SILENCIOSO, INVISIBLE, PERO NO INVENCIBLE.

Si un ladrón entra en tu casa, y lo ignoras, sabes que está ahí, escuchas los ruidos, ves su sombra, pero no dices ni haces nada, él va a revolver toda tu casa, va a robarte, va a lastimarte y posiblemente a matarte Esto es igual, la depresión es ese ladrón. Así que cuando sientas los síntomas, escuches los ruidos, veas su sombra dentro de ti, la tristeza, angustia, falta de deseo, debilidad, identifícalo, y denúncialo, grita, descúbrelo, y enfréntalo cara a cara, dile, conmigo no.

Sin la mano sobrenatural y poderosa de DIOS, yo no habría podido vencer, por eso te digo, que le pidas a ÉL que te ayude, y aunque parezca que nada pasa, te aseguro que sí, que ÉL nunca te va a dejar.

Este ladrón me había robado la salud, la alegría, el deseo de vivir, pero no la fe, siempre supe que DIOS estaba, aunque no entendía, simplemente, lo sabía.

Y si yo no hubiera pasado por este valle, tampoco nunca hubiera entendido a quienes lo pasaron o están pasando.

Hoy, aquí estoy, deese oscuro pozo, salí más fuerte y llena de luz, y con mi experiencia quieroalumbrar a todo aquel que este enesa oscuridad.

Hoy me doy cuenta de que antes no me amaba, muchas veces dejaba que otros con sus opiniones o comentarios me lastimaran, me di cuenta de que yo hacía alarde de obedecer a DIOS, pero todo el día incumplía su palabra cuando dice, “ama a tu prójimo como a ti mismo, porque yo amaba a todos, pero no a mí, y ahora estoy locamente enamorada de mí, no puedo creer lo hermosa y valiente que soy jaja.

Hoy estoy aquí, con la cabeza de Goliat en mi mano, y puedo decir que no fue con mis fuerzas, fue con las fuerzas del ESPIRITU DE DIOS.

1 SAMUEL 17

4
D**5**a vid le contestó: —Tú vienes
contra mí con espada, lanza y
jabalina, pero yo vengo a ti en el
nombre del Señor Todopoderoso, el
Dios de los ejércitos de Israel, a quien
has desafiado. **46** hoy mismo el Señor
te entregará en mis manos; y yo te
mataré y te cortaré la cabeza. Hoy
mismo echaré los cadáveres del
ejército filisteo a las aves del cielo y a
las fieras del campo, y todo el mundo
sabrá que hay un Dios en Israel.

La Palabra de Dios es alimento para el espíritu
así como el pan lo es para el cuerpo físico.
Cuando el cuerpo se alimenta, libera una fuerza
física a la que llamamos fortaleza.
Cuando el espíritu se nutre del alimento
espiritual de la Palabra, produce una fuerza
espiritual a la que llamamos fe.
Cuando sientas que no tienes fe,
lee la biblia y tu espíritu se fortalecerá.

SOLO RESISTE

En el próximo, libro voy a contarles todo lo que discerní espiritualmente con esta experiencia, pero hoy quiero decirte

¡NO!

TENGAS MIEDO

¡NO!

TENGAS VERGUENZA

¡NO!

TE CALLES

porque esas son 3 armas, que usa este asesino, para derribarte. Desármalo, para salvar tu vida, y la de muchas personas a tu alrededor.

NO
ESTAS
SOLO

LO VAS
A
LOGRAR

Quiero agradecer a DIOS primeramente, por no abandonarme, por sostenerme, por su palabra, que fue mi alimento siempre.

Y quiero agradecer a mi familia, que fueron instrumentos que DIOS usó en los momentos que mas necesité.

Made in the USA
Las Vegas, NV
31 August 2025

27190408R00075